DISCOURS FUNÈBRE.

DISCOURS FUNÈBRE

PRONONCÉ DANS L'ÉGLISE DES CHRÉTIENS DE LA CONFESSION D'AUGSBOURG, A PARIS, LE 19 DÉCEMBRE 1821,

EN COMMÉMORATION

DE M. LE COMTE RAPP,

PAIR DE FRANCE,

PAR M. BOISSARD,

Pasteur de ladite Église, l'un des Présidents de son Consistoire, Chevalier de l'Ordre Royal de la Légion-d'Honneur.

A PARIS,

DE L'IMPRIMERIE DE FIRMIN DIDOT,

IMPRIMEUR DU ROI, RUE JACOB, N° 24.

1822.

DISCOURS

EN COMMÉMORATION

DE M. LE COMTE RAPP,

La mémoire du juste sera en bénédiction.

Prov. 10, 7.

Messieurs,

Prononcées par ce roi d'Israël, à qui l'Éternel avait accordé le don de sagesse, et qui, dans le long cours de son règne, avait trouvé de si fréquentes occasions d'apprendre à connaître les hommes, les paroles que je viens de vous lire n'en sont que plus applicables à la triste circonstance qui vous réunit en ce lieu saint.

Le trépas dont nous célébrons la Commémoration est l'une des plus grandes pertes que nous ayons pu faire ! Vous la sentez, Messieurs ; vous partagez la douleur qu'elle nous inspire ; vous venez avec les fidèles de cette Église, avec les membres de ce Consistoire, parmi lesquels le défunt se fit un plaisir de prendre place, unir vos regrets à ceux d'une veuve éplorée sur laquelle, dès le printemps de la vie, l'Eternel fait descendre les voiles du deuil ; d'enfants privés de leur appui, et dont l'âge tendre ne saurait mesurer encore toute l'étendue d'un si grand malheur. Ah ! si pour remplir un devoir plus conforme aux sentiments de mon cœur que proportionné à la faiblesse de mes moyens, je prends la parole dans ces lugubres instants, ce n'est pas, Messieurs, que je puisse espérer de vous retracer dignement les mérites et les vertus du héros que nous pleurons. Mais ici vos cœurs parleront, les souvenirs de votre amitié suppléeront au défaut des accents qu'exigerait un tel éloge; et déja le burin de l'histoire a gravé sur des tables impérissables les hauts faits de M. LE COMTE RAPP, LIEUTE-NANT-GÉNÉRAL, PAIR DE FRANCE, PREMIER CHAM-BELLAN - MAITRE DE LA GARDE - ROBE DU ROI, GRAND CORDON DE L'ORDRE ROYAL DE LA LÉ-GION - D'HONNEUR , COMMANDEUR DE L'ORDRE ROYAL ET MILITAIRE DE SAINT-LOUIS , GRAND CORDON DE L'ORDRE MILITAIRE DE MAXIMILIEN-JOSEPH DE BAVIÈRE ET DU LION PALATIN, GRAND' CROIX DE L'ORDRE DE LA FIDÉLITÉ DE BADE, CHEVALIER DE L'ORDRE IMPÉRIAL DE LA COU-RONNE DE FER, MEMBRE DU CONSISTOIRE DE LA CONFESSION D'AUGSBOURG, ET L'UN DES VICE-PRÉsidents de la Société Biblique Protestante de Paris.

La mémoire du juste sera en bénédiction : pour la célébrer la religion élève sa voix; elle bénit l'ami de la patrie qui se montra en toutes circonstances prêt à y maintenir le bon ordre; elle bénit l'intrépide guerrier qui sut honorer son état par les vertus qu'il exige; elle bénit l'homme de bien qui, ferme dans ses sentiments religieux, sut en démontrer la réalité par ses bonnes œuvres. Vous présenter, Messieurs, sous ces traits principaux, la vie glorieuse dont vous déplorez la fin prématurée, ce n'est que vous rappeler l'idée que vous vous en formez vous-mêmes, le jugement qu'en portera la postérité.

Lorsqu'après ces jours de trouble et de détresse, où l'ordre social fut ébranlé jusque dans ses bases les plus profondes, on voit le calme renaître; lorsque, sous les auspices d'un gouvernement sage, la nation peut se rasseoir, mettre à profit les leçons de l'expérience, et recevoir des mains d'un Monarque réparateur les institutions sur lesquelles reposera sa prospérité future, qu'il est doux, en portant ses regards en arrière, de pouvoir les fixer sur ces hommes qui ont traversé les orages passés sans jamais perdre de vue ni la bannière de l'honneur, ni le bien de leur pays ; sur ces hommes dont le cœur n'a cessé de battre pour la patrie, et dont les efforts ont constamment tendu à lui rendre la paix ! Souvent le tourbillon des événements les arrache à ces classes dans lesquelles ils demeuraient confondus, les circonstances leur assignent cette place éminente où leur mérite brillera de l'éclat le plus pur. C'est ainsi, ô chère France ! qu'au milieu des bouleversements auxquels tu fus si long-temps en proie, tu fis sortir des rangs de tes enfants ces hommes distingués qui te soutinrent, qui te secoururent, qui ramenèrent l'ordre dans ton sein, ces *hommes forts qui sauvèrent Israël*, ces nobles défenseurs qui ont commencé leur lignée, et qui laisseront à leurs descendants un nom illustré par leurs services, et leur gloire en héritage.

Or quel nom, Messieurs, voyez-vous plus fréquemment répété dans les plus belles pages de l'histoire de ces dernières années, que celui de l'ami que la mort vient de vous ravir ! Quel nom trouvez-vous plus intimément lié à ceux de ces héros que la France pourra présenter à jamais avec un légitime orgueil à l'admiration du monde ! Élevé de grade en grade, de distinction en distinction par son seul mérite, le

Comte RAPP sut attirer sur lui et les regards de ses compatriotes et ceux des étrangers. Quelles preuves de l'estime que de grands Princes lui avaient vouée, que ces ordres étrangers dont il joignait les nombreuses décorations à celles qui lui avaient été conférées au nom de la patrie reconnaissante!

La patrie! elle fut toujours son idole, le centre de toutes ses affections! Voué dès sa jeunesse au soutien de ses droits, il ne vit jamais qu'elle. A sa voix, il se rangea auprès de ceux qui furent chargés d'y maintenir le règne des lois, de remédier aux désordres qui la désolaient, de prévenir les désastres qui pouvaient la menacer. Tel fut son système, non-seulement à cette époque, où les drapeaux de la gloire portés à la tête de nos armées triomphantes, appelèrent à leur suite tous nos guerriers; mais en ces moments encore où, fatiguées de victoires, épuisées par des efforts trop long-temps soutenus, repoussées par les éléments conjurés, les légions françaises se virent bornées à la défense de la terre natale. Isolé alors avec un petit nombre de braves dans une forteresse étrangère, le Comte RAPP soutenait l'honneur de son pays, et arrêtait en partie du moins ce torrent que nulle force humaine ne pouvait plus empêcher de se déborder sur la France.

La main de la Providence s'était manifestée; elle avait ramené à la patrie en deuil le ROI que sa sagesse tenait en réserve pour la consoler de ses malheurs, pour cicatriser ses plaies; un nouvel ordre de choses allait naître.... Qui s'y rallia plus franchement que notre défunt! Qui mérita mieux que lui les marques de confiance qui lui furent données! Qui se montra plus disposé à féliciter la France du salut que le ciel lui avait envoyé! Cependant, hélas! un nouvel orage allait éclater; il était facile d'en prévoir et la courte durée et les effrayants résultats; la main royale qui, une fois déja avait sauvé la patrie, allait se trouver contrainte à la sauver une seconde fois; mais le devoir le plus urgent était de la défendre, de garder et ses forteresses menacées, et les ressources qu'elles renfermaient encore! Quel ami de la France pouvait alors refuser l'appui de son bras à la voix de sa détresse! Appelé à son secours, le COMTE RAPP ressaisit son épée tant de fois victorieuse; il accourt à Strasbourg; il vient couvrir et défendre cette Alsace où il était né, cette province si chère à son cœur, cette frontière si précieuse aux yeux du ROI, si digne de lui être conservée. Toutes les mesures que la sagesse, la prudence, la modération, la valeur pouvaient inspirer, il y recourt avec succès; les bataillons étrangers ne peuvent approcher des remparts qu'il protége. Le moment venu, il déploie à leurs yeux l'étendard des Lis qu'arbore la France entière; il achève de conjurer le danger en manifestant ainsi ses patriotiques intentions, et bientôt il se présente avec confiance aux yeux de tous, sûr d'avoir bien servi le ROI en défendant le boulevard du royaume. Il ne pouvait, certes! être méconnu celui qui avait su réunir tant de mérites, montrer tant d'amour pour son pays, se dévouer si généreusement pour ses concitoyens. Juste appréciateur des hommes, ce Monarque dont la France avait salué le second retour de ses plus vives acclamations, ce Monarque dont la plus douce pensée fut toujours celle de rémunérer dignement les amis, les défenseurs de son peuple, appelle auprès de son trône le valeureux guerrier; il le comble de nouveaux honneurs, il le nomme Pair de France, il lui fait prendre séance dans cette chambre auguste, où tous les genres de gloire se trouvent réunis, et dont les membres révérés transmettront à leur postérité le sentiment de leurs devoirs imposants avec la noblesse de leur nom. Bientôt il l'envoie présider le collége électoral du Département qui s'honorait de le compter parmi ses citoyens; enfin non-content de l'avoir revêtu des premières dignités, le

ROI met le comble à ses faveurs en le rapprochant de sa personne sacrée. Le titre de Premier Chambellan - Maître de la garde - robe du ROI, nouvelle et précieuse preuve d'une confiance illimitée, confère au COMTE RAPP les prérogatives auxquelles il devait être le plus sensible. Désormais son ROI, le connaissant plus intimement, lira dans son cœur ; il n'y verra qu'honneur, franchise et loyauté ; il jugera de la sincérité de sa reconnaissance, de la réalité de son attachement, de son invariable fidélité ; et si, dans cette ame droite qui n'eut jamais besoin de voiler aucun de ses mouvements, un ROI qui veut avant tout être aimé, remarque les souvenirs d'anciens bienfaits ; s'il est témoin de l'attendrissement qu'ils produisent, des larmes qu'ils font couler, il les approuvera ; on l'entendra dire à l'homme qui sut aimer, et qui le saura toujours : *Je vous en estime davantage.* Ce beau moment, Messieurs, appartient à l'histoire ; elle n'oubliera ni ces paroles, si dignes d'un bon ROI, ni les qualités que possédait le fidèle serviteur à qui elles furent adressées. Il n'est plus, hélas ! Celui qui mérita de les entendre ; il est trop tôt enlevé à la bienveillance du Monarque auquel il avait consacré toute son existence, à une patrie qu'il chérissait ! Ah ! que du moins *la mé-*

moire du juste demeure parmi nous en béné-
diction !

J'ai faiblement esquissé quelques traits de sa
vie; mais que dirai-je, Messieurs, de ses exploits!
Ici la grandeur du sujet m'étonne, me confond;
je sens tout ce que doit sentir un Ministre de
paix, en parlant de hauts-faits militaires; mais
si je n'en trace le tableau que d'une main mal
assurée, votre pensée l'achèvera. Elle vous re-
portera sur ces champs de bataille où, compagnons d'armes du guerrier que nous regrettons,
vous avez tant de fois combattu pour la France,
moissonné tant de lauriers, remporté tant de
triomphes.

Dès l'âge le plus tendre, une impulsion na-
turelle semble tracer d'avance à certains hommes
la carrière qu'ils devront suivre; le Général RAPP
en est un frappant exemple; paisibles habitants
d'une ville que l'industrie seule fait fleurir, ses
parents, ses instituteurs le virent avec inquiétude manifester, jeune encore, cette bouillante
ardeur, cet esprit entreprenant, ces traits d'audace par lesquels il préludait à ses destinées fu-
tures. A peine sorti de l'adolescence il prend
le parti des armes, il franchit rapidement les
premiers échelons militaires dans le 10e régi-
ment de chasseurs à cheval qu'il avait choisi.

Bientôt la France menacée retentit du cri de guerre ; il l'entend, il part pour les bords du Rhin avec ces braves phalanges qui volaient à la défense de la patrie. L'un des premiers avantages qu'il recueille, c'est d'être appelé à combattre sous les yeux du Général Desaix. Après divers traits d'une bravoure promptement remarquée, Szeiskam dans le Palatinat est le premier théâtre de sa gloire. Là, il faut dans un défilé soutenir avec quelques hommes tout l'effort de plusieurs milliers d'assaillants ; RAPP commande en qualité de maréchal-des-logis dans ces nouvelles Thermopyles ; vivement pressé par des charges redoublées, il fait face, il résiste, il se maintient ; déja le sang de ses compagnons coule de toutes parts, déja lui-même il est atteint d'une grave blessure ; mais leur douleur semble rehausser leur courage, et bientôt Desaix accourant à leur aide remporte un avantage décidé. Il se plaît à reconnaître ce qu'il doit à la valeur du jeune guerrier, il le comble d'éloges ; et quelle récompense pour une ame sensible à l'honneur, que de les recevoir d'une telle bouche ! Quel devoir que celui de les justifier ! Les occasions ne manqueront pas plus que la résolution d'en profiter ! Desaix part pour l'Égypte, RAPP le suit avec le grade de Capitaine et le titre d'Aide-de-camp. Antiques rives du

Nil, quels faits d'armes ne vîtes-vous pas alors !
Quelle nouvelle moisson de gloire nos guerriers
n'ont-ils pas conquise sur ces bords fameux !
O France ! chère patrie ! quels fastes peuvent se
comparer aux tiens ! Quels soldats que ceux qui
ont orné leurs fronts de lauriers successivement
cueillis au pied des Pyramides et sur les bords
du Tage, sur les débris de Memphis et dans les
déserts de la Russie ! Quelle armée que celle qui
compta dans ses rangs, avec les Français, des
Mammelucks, des Africains, des Napolitains,
des Espagnols, des Allemands de vingt nations
différentes, ces peuples des rives de l'Oder et de
la belliqueuse Sarmatie qui jamais n'avaient
fléchi sous les aigles romaines !

Mais ne devançons pas les événements ; sui-
vons notre héros dans ces combats mémorables
où il paie de son sang les grades qu'il acquiert ;
chef d'escadron à Sediman, il enlève l'artillerie
des Turcs ; Colonel à Samanhaut, il les étonne
par son audace ; on panse aujourd'hui ses
blessures sous les ruines de Thèbes ; dans quelques années on lui rendra pareil service dans
la citadelle de Moscou. Cependant les périls
de la France ont rappelé ses guerriers ; les
plaines de l'Italie leur offrent de nouveaux
champs d'honneur ; partout le Colonel RAPP
se trouve à la suite du généreux Desaix.

Hélas ! fallait-il que la patrie fût à la veille de perdre un si noble défenseur ! Fallait-il que le fer de l'ennemi tranchât sitôt une si belle vie ! Grande journée de Marengo, tu le vis tomber dans les bras de ses amis ce général intrépide, et la victoire en attachant la couronne au drapeau français, la tressa d'un crêpe funèbre ! L'ami de RAPP n'est plus, mais le Général en chef de l'armée victorieuse a trop distingué le frère d'armes qu'il vient de perdre pour ne pas juger dignes de toute sa confiance ceux à qui il avait donné la sienne ; le Colonel RAPP est fait aide-de-camp du premier Consul ; bientôt il commande un corps de sa garde ; puis long-temps éprouvé sur les champs de bataille, il est appelé à s'essayer aussi dans ces missions diplomatiques qui exigent tant d'habileté, tant de prudence, et qui rendent si souvent à l'humanité le service d'épargner le sang, et de prévenir les plus cruels désastres. Chargé d'annoncer aux Cantons Suisses l'intervention de la France dans leurs troubles civils, il sert son pays dans les négociations comme sous les armes ; à sa voix, les hostilités déja commencées sont suspendues, et la médiation proposée est agréée.

Mais bientôt de nouvelles campagnes le rappellent au théâtre des combats ; Austerlitz,

Iéna , Golymin , Nazieusck , Essling , la Moskowa , Malojaroslawetz , la Bérésina , Dantzick, ces noms fameux se présentent en foule à votre souvenir. Ah ! vous n'attendez pas, Messieurs, que j'essaie de vous montrer ici le Général RAPP tel que vous l'avez vu ! Dirais - je comment en telle occasion, à la tête d'une poignée de braves, il gagne le titre de Général de division , et le surnom d'intrépide , en enfonçant les carrés de cette redoutable garde qui combattait sous les yeux de son Souverain, fait son chef prisonnier, et revient annoncer la victoire ! Dirais-je comment dans telle autre circonstance , saisissant d'un coup-d'œil rapide et sûr l'importance d'un poste déja perdu, que son chef même se croyait contraint d'abandonner, il le reprend, s'y maintient au péril de sa vie , repousse par des prodiges de valeur vingt bataillons conduits par l'un des premiers Généraux de l'Europe, et assure à la France l'un de ses plus beaux trophées ! Le peindrais-je à cette effrayante journée où lui-même il frémit à l'aspect d'un champ de bataille couvert de morts innombrables, recevant successivement quatre coups de feu, et se maintenant, malgré la supériorité des forces ennemies, dans un retranchement à moitié occupé par elles ! Raconterais-je comment à ce déplorable passage qu'effectue, dans la situation la plus

affreuse, une armée plus pressée encore par la
fureur des éléments que par celle de l'ennemi,
il protége et sauve l'artillerie française ! Enfin,
Messieurs, vous rappellerais-je ce siége de Dantzick où, privé de toutes ressources extérieures,
à la tête d'une garnison qui comptait vingt-deux
mille malades, désolé par les maladies conta-
gieuses, par l'inondation subite de la ville, par
l'incendie qu'une grêle de projectiles y ranime
sans cesse, il sait par sa prudence, par l'habileté
de ses combinaisons, faire tête à toutes les mi-
sères dont il est environné, tenir en respect l'armée des assiégeants par la hardiesse de ses sorties,
rester pendant huit mois maître du terrain une
lieue à la ronde, et résister une année entière
avant de capituler. Ici, Messieurs, je voudrais
pouvoir m'arrêter un instant; fatiguée d'avoir
suivi ce héros de triomphe en triomphe avec
les mouvements d'une admiration toujours crois-
sante, l'imagination demande à changer d'objet;
elle se plaît à se rendre compte de la sagesse de
cette administration qui maintient en bonne in-
telligence des troupes composées des sujets de
dix-sept Princes différents; de cet esprit de dis-
cipline qui protége l'habitant, et qui lui épargne
les nombreuses vexations auxquelles il aurait pu
être en proie; de ces moyens que l'humanité
sait trouver pour prévenir la ruine totale d'une

ville populeuse, en ménageant les ressources de ses citoyens. A ces traits, on aime à reconnaître l'ami des hommes dans la personne de l'intrépide guerrier. Et tel fut en effet LE COMTE RAPP, Messieurs; à la bravoure la plus éclatante, aux talents militaires les plus éminents, il joignit toujours cette générosité qui ne permet ni d'abuser de la force, ni d'accabler le vaincu. Il reconnaissait, il honorait la valeur que la fortune avait trahie; il respectait cette nation subjuguée qui, dans les derniers désastres, demeurait fidèle à son Souverain, et savait se montrer grande dans son adversité; il défendait le faible lorsqu'on cherchait à l'humilier; souvent il se constitua ainsi l'avocat de Princes qui ne pouvaient repousser l'oppression par la force; ils l'apprirent, et ils lui vouèrent à jamais leur estime. Que dis-je? Ne l'a-t-on pas vu plaider avec l'éloquence du cœur la cause d'hommes déja condamnés, et détourner le glaive suspendu sur leur tête! Prendre la défense d'amis disgraciés, au risque de s'attirer lui-même une honorable disgrace! Ne l'a-t-on pas vu donner par esprit de modération le conseil de ne pas chercher à élever plus haut une puissance déja colossale, prédire ces désastres que des plans trop vastes ne pouvaient manquer d'entraîner à leur suite, et qui ont coûté à la France tant de larmes et tant de sang. Ah! Messieurs, la gloire n'est pas le seul titre de l'homme que nous pleurons; nous avons à regretter encore la noblesse de son caractère, son esprit de bienveillance et de sagesse, sa fermeté dans le bien!

Mais si à ces vertus il sut réunir celles du père de famille et du chrétien, comment n'en ferions-nous pas mention, spécialement dans cette chaire ? N'est-elle pas consacrée à recommander avant tout les sentiments moraux dont tous les hommes ont besoin de se pénétrer, et qui, lorsqu'ils brillent dans les premiers rangs, produisent sur toutes les classes de la société une impression si vive et si salutaire ? Chrétiens, membres de cette Eglise, vous vous honorez d'avoir compté parmi vos coréligionnaires celui dont aujourd'hui vous avez à déplorer la perte douloureuse; il appartint à cette minorité qui, pour ne pas partager toutes les opinions religieuses du grand nombre, n'en est ni moins fidèle à son ROI, ni moins dévouée à sa patrie; il lui appartint de cœur, et jamais il ne le dissimula. Que dis-je ? plein de respect pour les principes de ses pères, ne l'a-t-on pas vu les professer hautement, exprimer sans timide réticence ses scrupules lorsqu'il dut en éprouver ?

Ne l'a-t-on pas vu prendre un vif intérêt aux succès de cette société biblique dont plusieurs des nobles Pairs de France dirigent les pieux travaux, assister à ses séances en qualité de vice-président, se réjouir des bénédictions que le ciel répand sur son œuvre ? Son nom révéré n'a-t-il pas brillé dès la fondation de cette Église à la tête de ceux des membres du Consistoire ? Lorsque l'occasion le requit, n'est-il pas venu se présenter avec eux au pied du trône ; n'a-t-il pas chaque année confié à leurs mains la distribution de ses libéralités ? Il se devait à lui-même de suivre cette ligne de conduite ; il le devait à cette confiance qu'inspirent à tout protestant français les promesses et la protection du ROI ; il sentait le besoin, non-seulement de satisfaire ainsi à sa propre conscience, mais encore de rassurer par son exemple les hommes faibles et méticuleux, s'il en existait encore, et d'encourager ceux qui voient avec raison dans un inviolable attachement à leur foi la plus belle des garanties qu'ils puissent offrir à leur gouvernement. Aurait-il d'ailleurs manqué de chaleur sous ce rapport essentiel, cet homme si ardent pour tout bien, si distingué par sa droiture, par sa candeur ! Cacher sa pensée !... le devait-il celui qui n'en eut jamais qu'il ne pût avouer, et dont il ne pût s'honorer ! Le pouvait-il celui qui avait toujours dit la vérité telle qu'elle était dans son cœur ! Non, l'ame pleine d'énergie ne connaît point l'art des détours ; elle se montre à découvert, elle se montre tout entière ; la cause qu'elle croit juste, elle ne l'abandonne point ; la voie qu'elle trouve droite, elle n'en sort jamais ; elle la suit avec persévérance, et nul ne peut lui refuser son suffrage. Tel fut le caractère du mortel magnanime que nous venons de perdre !—Et que n'ont pas perdu en sa personne ces indigents auxquels il aimait tant à faire du bien ; ces pauvres auxquels il témoignait une si noble compassion ; ces familles qu'il nourrissait pendant la saison rigoureuse, sans distinction de culte, non-seulement, mais en prenant les plus justes mesures pour faire en sorte que les infortunés de chaque communion reçussent les bienfaits qu'il leur avait destinés ! Point de vues étroites dans son humanité ; point de limites exclusives dans sa libéralité ; l'intolérance, à ses yeux, eût déshonoré la charité elle-même ! Combien il en était éloigné lui qui, non-content de respecter la religion d'autrui, comme il voulait qu'on respectât la sienne, concourait même à la splendeur d'un culte différent de celui auquel il était attaché ! Lui qui se faisait un devoir de rappeler à la pratique de leur religion les habitants de ses terres ; un plaisir de témoigner à leurs Pasteurs les égards les plus touchants, et d'orner de ses dons leurs églises et leurs autels ! Espérons, Messieurs, espérons que bientôt il ne restera plus de vœux à faire pour que ces grands principes de la véritable charité se répandent universellement ! Dans les conseils de la Providence, il est destiné sans doute à leur faire faire un grand pas, l'âge où la loi de l'état reconnaît et protège toutes les communions chrétiennes ; l'âge où les temples de tous les cultes se relèvent et se réparent aux frais de l'état ; l'âge où les Princes assis à la droite du trône répandent chaque années sur les pauvres leurs abondantes aumônes par les mains des Pasteurs de toutes les confessions.

Je rentre dans mon sujet, Messieurs ; celui que vous venez de voir dévoué à son pays et à son ROI, intrépide dans les combats, fidèle à sa religion, ferme dans ses principes, compatissant envers les indigents, considérez-le encore dans sa vie privée, au milieu de ses amis souvent malheureux dont il est le refuge, le consolateur et l'appui ; venez le voir au sein de sa famille ; vous ne l'y verrez pas sans émotion, vos cœurs seront touchés, attendris ; vous plaindrez, ah ! vous plaindrez l'épouse qui perd un tel époux, les enfants qui perdent un tel père.

Depuis peu d'années, M. LE COMTE RAPP avait uni sa destinée à celle de la jeune Baronne de Rotberg-Coligny; en elle il avait trouvé tout ce que l'homme de bien, tout ce que le chrétien peut rechercher de qualités aimables et de vertus solides; dès l'époque d'une si belle union, une nouvelle vie avait commencé pour lui, une vie heureuse, embellie de ce charme inexprimable, de ce calme précieux, de cette douce paix qu'une épouse aimante sait répandre autour d'elle. La naissance d'un fils et d'une fille avait resserré des nœuds si chers; déja le Général se disposait à mettre à profit dès leur première aurore les talents dont les germes allaient se manifester dans l'ame du futur héritier de ses titres et de ses honneurs; déja ces espérances auxquelles le cœur paternel et maternel se livre avec tant de délices, reposaient sur le berceau de celle à qui une tendre mère allait transmettre toutes ses vertus. Ah! quel ravissant avenir devait s'offrir à la pensée d'un couple si fortuné! Quel accord, quelle unité dans leurs vues, quels moments enchanteurs que ceux où ils comblaient de leurs plus affectueuses caresses les fruits bien-aimés de leur union! Il savait, Messieurs, il savait apprécier les beaux titres d'époux et de père, il goûtait avec ivresse le bonheur qu'ils procurent, celui qui , dans le cours, d'une vie si glorieuse , mais si tumultueuse en même temps et si agitée , devait avoir tant de fois senti le besoin du repos.

Fallait-il, hélas ! que ce bonheur touchât à son terme ! Funestes résultats des fatigues dont l'avaient accablé ses travaux militaires, de vingt-deux blessures qu'il avait reçues au service de son pays , de fréquentes incommodités altéraient la santé du Général ; elles y avaient porté des atteintes plus profondes qu'il ne le pensait lui-même ; les moyens par lesquels il avait cherché d'abord à y remédier n'étaient pas couronnés du succès desiré ; il quitte enfin la capitale pour aller chercher au sein de sa famille de nouveaux soins et de nouveaux secours. Au moment de son départ pour ces champs des bords du Rhin, où l'attendait une épouse bien aimée, où il allait respirer l'air natal, et se voir chaque jour entouré de la reconnaissance et du respect de ses compatriotes et de ses plus anciens amis, quel espoir n'avions-nous pas conçu ! Hélas ! et les adieux que nous lui fîmes devaient être des adieux éternels. A peine arrivé , ses forces sont épuisées, ses amis ne reçoivent plus que des nouvelles alarmantes , une maladie grave se manifeste , et l'inquiétude des hommes de l'art appelés à lui prodiguer leurs soins ne fait que trop pressentir le malheureux événement que nous avons à déplorer aujourd'hui. Pour lui, ferme, résigné, fort du témoignage que lui rend une bonne conscience, il envisage de sang-froid cette mort qu'il affronta tant de fois sur les champs de bataille ; il se recommande à son Dieu ; il prie pour ses proches, pour ses amis, pour sa patrie ; il reçoit avec émotion les témoignages d'affection qui lui sont prodigués ; s'il regrette la vie, c'est, dit-il, parce qu'il se sentait encore capable de rendre quelques services à son ROI. Mais les décrets éternels ont prononcé ; il se prépare à quitter la terre avec le calme d'un chrétien. Quelle ne fut pas alors votre situation, tendre épouse, qui, nuit et jour, assistiez à son lit de douleur ! Le soutenir, le ranimer, verser la consolation dans son cœur, au moment où le vôtre était déchiré par les plus cruelles sollicitudes, faire briller à ses yeux la lueur de l'espérance, au moment où vous étiez tout entière en proie au désespoir : quels pénibles devoirs ! Et cependant, avec quelle force d'ame, avec quel héroïsme, Messieurs, la jeune Comtesse sut les remplir auprès d'un époux mourant ; quels gages de son amour elle sut lui donner ! O divine Providence ! pourrions-nous dans de tels moments méconnaître ta main ! Quelle énergie tu donnes à ceux que tu affliges, lorsqu'ils recourent à ton aide avec une entière résignation, avec une ferme foi! Quelles preuves tu leur accordes de ta grace et de ta faveur à l'instant même où tu les frappes des plus terribles coups! Quels consolants souvenirs tu veux qu'ils trouvent après avoir épuisé la coupe de l'amertume dans le sentiment d'avoir dignement rempli les obligations que leur imposa ta rigueur paternelle! Goûtez, veuve affligée, trop tôt éprouvée par le plus cruel des accidents de cette vie, goûtez dans toute sa plénitude ce sentiment religieux! Que le respect des hommes vous soit acquis à jamais! Que le Dieu qui manifesta sa miséricorde envers vous, au moment où elle vous fut si nécessaire, soit à jamais votre asyle, votre consolateur et votre appui!

Mais, hélas! l'heure fatale a sonné, le Roi perd son fidèle serviteur; la France, un enfant qui ne respira que pour elle; l'Alsace, le citoyen qui fut son orgueil et sa gloire; je vois s'entr'ouvrir encore ses lèvres déja glacées : *Dieu m'assiste! j'ai bien servi ma patrie. Dieu sauve le Roi et la France! Dieu assiste ma femme et mes enfants!* C'est son ame qui s'envole.... il n'est plus !

Écoutez ce tintement lugubre qui, sur les deux rives du Rhin, répand la tristesse et la douleur ! Voyez ce concours d'habitants guidés par leurs Maires et leurs Pasteurs qui, le cierge à la main, viennent border les routes des environs! Ce sont ceux que le COMTE RAPP a nourris au temps de la disette, les veuves qu'il a secourues, les délaissés qu'il a protégés! De longues lignes de feux funéraires ont sillonné les ombres de la nuit; les gémissements du deuil, les hymnes de la mort, les accents de la prière en ont seuls interrompu le silence; clergé et fidèles de toutes les communions, tous ici s'unissent dans un même sentiment; c'est le cercueil d'un homme de bien qui traverse ces contrées affligées; tous veulent lui donner une dernière bénédiction; les églises même de la communion qui ne fut point la sienne avaient retenti de vœux pour sa guérison aussi-bien que les églises de son culte; maintenant elles se confondent dans la résignation commune, elles apportent leurs croix et leurs bannières au-devant des restes mortels de celui qui ne put leur être conservé; l'Alsace entière est couverte du crêpe funèbre! Ah! la mort de celui qui sut aimer et servir ses compatriotes sans distinction ne doit-elle pas être pleurée de tous comme une calamité générale!

Vous surtout, bons habitants de Colmar, vous qu'il aimait si tendrement, que n'avez-vous pas éprouvé au moment où cette dépouille révérée entra dans vos murs ! Quelle unité d'esprit, quelle unité de regrets, quelle unité de douleur dans ce temple évangélique où se réunissent, pour déplorer une perte si sensible les Ministres de tous les cultes à la tête de leurs fidèles ! Quelles émotions, lorsque des voix éloquentes retracent ses mérites, lorsque la religion prononce la prière de sépulture au bord de son tombeau, lorsque les sanglots de ces orphelins pauvres qu'il avait comblés de ses bienfaits, de ces orphelins qui pleurent leur père, ne peuvent plus se contenir ; lorsque tout ce qui restait d'un tel homme disparaît à vos yeux ! Quelle expression dans ce morne silence, dans cette stupeur, dans cet effroi dont vous êtes saisis ! Vous jetez un dernier regard sur sa tombe ; elle vous atteste son affection, vos larmes coulent ; il a voulu, se dit chacun, il a voulu reposer au milieu de nous ! Nous garderons, nous respecterons sa cendre, nous nous trouverons honorés de la posséder ! Le lieu qui la renferme sera pour nous un lieu sacré ! Le monument qui la couvrira, nous le montrerons à nos enfants, nous leur dirons : Servez votre ROI, aimez votre patrie, soyez fidèles à votre religion comme celui qui repose ici !

Vous les partagez sincèrement, Messieurs,

ces sentiments d'amour, ces mouvements de regret; vous aussi vous voulez conserver la mémoire du juste. Oh! qu'elle demeure à jamais en bénédiction! Que le ciel console notre France de la perte qu'elle a faite, en lui conservant long-temps vos services, en secondant par sa grace ce que vous vous efforcez de faire pour son Roi, pour elle; qu'il accorde à cette ame généreuse, qui sans doute s'intéresse encore aux choses d'ici-bas, la satisfaction de voir ses descendants marcher sur ses traces!

PRIÈRE FINALE.

Souverain dispensateur de nos terrestres destinées, tu tiens dans tes puissantes mains le fil de notre existence! A ton ordre, nous rentrons dans la poudre d'où nous avons été tirés! A ta voix, le cèdre du Liban tombe comme l'hysope de la muraille! *Vanité des vanités, tout est vanité, sauf de te craindre, ó Éternel! et de marcher dans tes voies!* Ah! fais-nous profondément sentir cette importante vérité! Que les coups dont tu nous frappes, en rappelant à toi ceux que nous révérions le plus, nous disposent à diriger vers toi toutes nos pensées et tous nos vœux, à nous détacher des choses de la terre pour aspirer à celles qui sont en haut ! Les exemples de vertu, de charité, de piété, que nous laissent en quittant ce monde ceux que nous avons aimés, dispose-nous à les prendre pour modèles, et à user nous-mêmes de notre vie passagère de telle sorte qu'à nos derniers moments nous n'ayons point à la regretter !

Consolateur des affligés, viens au secours de la veuve que tu prives de son époux, des enfants que tu prives de leur père ! Accorde-leur la grace de la résignation, de la soumission à tes volontés suprêmes ! Donne-leur cette foi vive et inébranlable qui seule peut nous aider à supporter les accidents de la vie !

Si tu retires, Seigneur, à notre Roi, à notre France ceux qui surent les aimer et les servir, ah ! suscite à leur place des hommes dignes de l'occuper ! Continue à cette nation, à qui tu as déja donné tant de preuves de ta bienveillance, ton assistance divine et ta céleste protection ! Bénis, Seigneur, bénis notre Roi ; bénis la Famille Royale ! Remplis de ta sagesse les Ministres et les conseillers entre les mains desquels l'autorité publique est remise ! Préside toi-même aux délibérations des Chambres, des lumières desquelles notre Monarque s'entoure ! Que l'État et l'Église prospèrent sous la main d'un gouvernement fidèle à suivre ta direction paternelle ! Nous tous enfin , Seigneur , assistenous ! Seigneur , sauve ton peuple et bénis ton héritage ! Amen.